LA TUA STORIA DI SUCCESSO

FRANCESCO BUOMPANE

BARISTA RICCO

Da barista a imprenditore di successo, passo dopo passo

Titolo
Barista Ricco. Da barista a imprenditore di successo, passo dopo passo
Autore
Francesco Buompane
Editore
Alessandro Gian Maria Ferri
Direttrice Editoriale
Lisa Ferri
Editor
Andrea Brunori
Grafica di copertina
Gabriele Ponti
Sito internet
https://edizionie100.com/

Codice ISBN: 979-12-80486-61-5

Edizioni &100 S.R.L., Roma
Prima edizione Edizioni &100 Marketing - La tua storia di successo.
Dicembre 2022

Edizioni &100 Marketing, fondata il 17 Dicembre 2020 a Roma, è la casa editrice che realizza esclusivamente libri sartoriali per aumentare il personal branding e l'autorevolezza di *imprenditori* e *professionisti*, desiderosi d'investire su un prodotto di qualità in grado di renderli gli *esperti indiscussi* del proprio settore, ma non solo…

Realizziamo libri di business, curati meticolosamente dalla prima all'ultima pagina, che hanno lo scopo di alimentare positivamente l'immagine professionale dei nostri autori e di fornirgli visibilità, strategie di marketing inuguagliabili, affermazione sul mercato, sviluppo del business, aumento dei clienti.

Il libro si è dimostrato essere il nuovo strumento di marketing numero 1 in assoluto, in grado di imprimere su carta la storia personale e lavorativa di ogni professionista e che, contemporaneamente, riesce a trasmettere i valori aggiunti, la professionalità, l'unicità e l'affidabilità di tutti coloro che lo realizzano.

Edizioni &100 Marketing, grazie al suo team di esperti, realizza libri di business precisi ebre accattivanti in meno di 8 ore, occupandosi di ogni singolo passaggio; dalla struttura iniziale alla scrittura dei capitoli, dall'editing meticoloso all'impaginazione minuziosa, dalla grafica interna alla grafica di copertina accattivante.

Il libro, inoltre, se abbinato ad altre forme di marketing ben realizzate diventa uno strumento cento volte più performante del normale. Proprio per questo, Edizioni &100 Marketing cura a 360° l'immagine dei propri autori, fortificando il loro personal branding. Realizziamo strategie di marketing su misura, studiate in base alle esigenze dell'autore stesso. I nostri servizi comprendono la creazione di bigliettini da visita accattivanti, comprensivi di Qr Code che rimandano a contenuti multimediali; la creazione di un sito web personalizzato, capace di descrivere nel dettaglio le informazioni principali che si vogliono condividere insieme a foto esplicative e coinvolgenti; la creazione, nonché pubblicazione, di post social, comprensivi di grafica e copy, per tutti i social, e tanto altro!

Cosa stai aspettando? Contatta Edizioni &100 Marketing per stravolgere positivamente la tua carriera!

Ringrazio mia moglie Federica mio figlio Federico e mia figlia Francesca, per il loro gioco di squadra che fanno ogni giorno.

Con la loro energia e condivisione della stessa finalità tutto diventa più facile e raggiungibile.

"Sapere

Non è abbastanza.

Dobbiamo applicare.

Volere non basta.

Dobbiamo fare."

Johann Wolfgang von Goethe

Tavola dei contenuti

Introduzione...*13*

Chi sono...*15*

Cosa ti serve per diventare un Barista Ricco...................*17*

Premessa..*19*

Capitolo 1: Sapere è potere. Definisci la situazione.......*21*

    Esercizio: la Ruota del Bar Perfetto.........................*22*

    Le credenze limitanti e quelle potenzianti..........*27*

    Esercizio: conosci le tue credenze.........................*28*

Capitolo 2: Costruisci il tuo business model. Cos'è un
business model..*31*

    I clienti...*32*

    Il problema..*34*

    L'offerta di valore...*37*

    La soluzione..*39*

    I canali...*43*

I ricavi..*47*

I costi..*50*

Le metriche..*53*

Il vantaggio competitivo................................*55*

Capitolo 3: Passa all'azione. Il business plan: come e perché..*63*

    Crea il tuo business plan............................*64*

Capitolo 4: Definisci la tua squadra. dare ordini è poco produttivo..*85*

    I collaboratori: la selezione........................*87*

    L'importanza dello store manager..............*88*

    Un buon mentore per un buon business........*89*

Capitolo 5: Il manuale operativo: la forza del tuo business. Trova il nome perfetto per il tuo business....*91*

    Uno strumento essenziale..........................*92*

Capitolo 6: Le dieci abitudini degli imprenditori di successo..*95*

Introduzione

Che ne dici di diventare un Barista Ricco? Intendo ricco di conoscenze, competenze e capacità. La ricchezza economica sarà una naturale conseguenza.

Ho studiato un metodo che ti aiuterà a farlo. Se mediamente una persona (quando fortunata) impiega tre anni per arrivare al famoso *breakeven point* in cui i conti si pareggiano, il Metodo Barista Ricco ti farà raggiungere lo stesso obiettivo in circa dodici mesi, ovvero un anno accademico.

Devi sapere che ben il 95% dei *coffee shop*, caffetterie o bar che usano il Metodo Barista Ricco supera il primo anno di vita commerciale. Un ottimo dato se si pensa che la media mondiale si ferma al 50% circa.

Grazie al Metodo partirai da barista e ti troverai a fine corso imprenditore. E poiché il tempo necessario per raggiungere il punto di pareggio economico è ridotto, vedrai anche diminuire i costi di spesa. Dormirai sonni tranquilli prima del previsto.

Richiede pochi compiti a casa (giusto quanto basta), è un metodo facile da usare e a tratti anche divertente.

È adatto a studenti di tutte le età e può portare chiunque al successo, basta che lo voglia.

Quindi, non preoccuparti se non hai particolari qualifiche o esperienze! Grazie al Metodo Barista Ricco capirai comunque come espandere il tuo business. Se vorrai potrai anche creare una catena senza aver bisogno di partire da fondi importanti. Quelli, infatti, potranno essere intercettati successivamente.

Leggendo il manuale potresti domandarti come mai l'informazione che contiene sia così dettagliata. Il motivo è semplice: vuole essere un aiuto pratico e concreto. Il Metodo Barista Ricco ti vuole insegnare le regole del gioco, del business reale e spiegare in che modo la tua attività possa prendere vita e fiorire. Ovviamente un metodo così rivoluzionario non può essere spiegato in poche pagine e necessita la tua piena partecipazione.

Concludo con qualcosa di importante: il Metodo Barista Ricco è in forte contrasto con quello che viene perlopiù insegnato nelle scuole e prescritto nei metodi tradizionali. Ed è anche in questo che risiede la sua forza rivoluzionaria.

Chi sono

Da oltre vent'anni lavoro nel settore del caffè. Sono partito come molti con la classica gavetta: facendo il barista. Dopo mi sono spostato nella vendita, diventando rappresentante di alcuni noti brand italiani e internazionali di caffè. Nel 2005 ho deciso di mettermi in proprio lanciando in Italia, con mio fratello Alessio, il brand *Caffè Latino*, marchio atterrato anche a Londra nel 2017, dove abbiamo aperto ben quattro *coffee shop*. A questo abbiamo aggiunto la vendita di caffè all'ingrosso, che produciamo noi stessi nel centro di Londra.

Insieme alla mia famiglia abbiamo pensato fosse un treno da prendere il prima possibile. Al momento, siamo ancora a bordo! Abbiamo appena aperto due ulteriori *coffee shop* e co-fondato un brand legato alla creazione di una community di *coffee lovers*. Si tratta di un gruppo di persone che di questa passione hanno fatto un business e collaborano condividendo attrezzature, materie prime, conoscenze e competenze. Stiamo anche facendo i primi passi per diventare global e disporre di una rete sharing internazionale anche grazie alla tecnologia del Metaverso.

Non ultimo, da due anni offro consulenze agli imprenditori del caffè che vogliono lanciare le loro startup e organizzarle in modo da generare profitto.

Grazie al successo del metodo e alle mie esperienze pregresse, ho capito fosse arrivato il momento di condividere con gli altri ciò che so e che ho imparato.

Ed è da questo desiderio che nasce il manuale *Barista Ricco*. Voglio aiutare tutti coloro che hanno un bar e che vogliono creare, grazie al caffè, un business redditizio.

Sono sicuro che chiunque possa imparare a gestire un business con professionalità, come chiunque può imparare una seconda lingua. L'unica differenza è che alcuni lo fanno più velocemente di altri.

Imparare una lingua non è tanto una questione di conoscenza, quanto di tenacia e abilità. E questo vale anche per l'avvio di un'attività redditizia. Per diventare imprenditore bisogna fare pratica. Più si fa, più si impara, e più si impara, più ci si velocizza, proprio come succede con la dattilografia o con i muscoli in palestra.

Se lo studente A pratica un'attività per quindici minuti al giorno e lo studente B, invece, la pratica per un'ora, vedremo lo studente B diventare sempre più veloce in quell'attività, tanto da arrivare a dedicare a essa un quarto del tempo necessario, invece, all'altro studente. E di questo sono sicuro. Anche perché l'ho visto con i miei occhi e l'ho vissuto sulla mia pelle.

Cosa ti serve per diventare un Barista Ricco

Ecco il materiale necessario e le azioni da fare per trasformarti da barista a imprenditore:

1. Il libro *Barista Ricco*.

2. Un computer per i collegamenti video e per scaricare i video-corsi.

3. Un paio di scarpe da ginnastica e una tuta.

4. Lettura dei 10 libri che sceglieremo insieme durante l'anno.

5. Una giornata di formazione e networking insieme a me e altri imprenditori. La sede sarà in Italia.

6. Passaporto. Organizzeremo un viaggio a Londra.

Premessa

Sono convinto che, siccome l'espresso (per noi italiani sinonimo di caffè) è ormai sui menu di tutto il mondo, troppo spesso in Italia chi ha una caffetteria pensi che sia sufficiente fare un buon espresso per avere successo. Credo, però, sia un peccato di presunzione. Non metto in dubbio che questi professionisti facciano un buon caffè, ma mi chiedo se abbiano anche qualche interesse nel migliorarsi, nell'imparare e nell'aggiornarsi. Perché oggigiorno per avere un business redditizio... fare un buon caffè non basta!

Proprio per questo il Metodo Barista Ricco richiede ai professionisti come te qualcosa in più: voglia di imparare, di mettersi in gioco e molto impegno. Ma in cambio darà dei risultati.

Risultati che non cadranno dal cielo, ma che arriveranno grazie alla preparazione e al duro lavoro. Il tuo successo dipenderà anche dalla tua abilità di trarre insegnamento dai tuoi fallimenti. Non devi mai arrenderti. Il tuo business avrà sempre bisogno della tua passione e dovrà essere sempre alimentato da nuove competenze.

Molte società che usano il Metodo (puoi consultare le recensioni su _www.baristaricco.com_) sono super felici della scelta fatta e questo conferma l'affidabilità di questo manuale.

Ricorda: il Metodo è infallibile.

19

Forse ti stai domandando: come è possibile garantire a tutti successo entro i primi dodici mesi? Sicuramente il grado di riuscita è anche determinato dalla tua attitudine e dall'impegno che ci metterai. Ma se seguirai alla lettera quello che ti consiglio, non vedo perché non dovresti riuscirci.

Ti invito a usare questo libro come una guida, eseguendo con cura gli esercizi, compilando gli spazi vuoti, in modo da personalizzarlo al meglio per il tuo business. Inoltre per prendere appunti, scrivere note e lavorare sugli obiettivi ci sono alla fine del libro alcune pagine dedicate, consiglio di usare quelle e non post-it, che il più delle volte vengono smarriti; e ricorda che gli obiettivi senza data di scadenza valgono poco. Usalo non solo come fonte d'informazione ma anche come mezzo per rendere la tua vita professionale più bella e avvincente.

Ora, finalmente, iniziamo. Partiremo fotografando la situazione nella quale ti trovi, in modo da scoprire ciò che funziona e quello che puoi migliorare o rivoluzionare, per poi implementare un chiaro programma di lancio della tua attività. Lungo le pagine troverai anche dei box che ti aiuteranno a perfezionare la pratica. Il manuale si conclude con le dieci abitudini delle persone di successo.

Buona lettura!

Capitolo 1
Sapere è potere

Definisci la situazione

Per definire la rotta devi capire dove vuoi arrivare, tenendo sempre in mente chi vuoi diventare. Aiuta, quindi, avere una chiara visione del passato, del presente e del futuro.

Ho visto alcune persone provare riluttanza nell'usare il Metodo Barista Ricco. E spesso ciò era dovuto alla difficoltà che avevano nell'ammettere le loro colpe. Parlo di decisioni prese in passato che non hanno portato ai risultati sperati o di cattive abitudini frutto di una mentalità antica (per esempio: se abbiamo sempre fatto così di generazione in generazione, sarà quindi giusto continuare a fare così). In altri casi la ritrosia era dovuta al non riuscire a delegare fidandosi del proprio team.

Ti chiedo, quindi, di non cadere negli stessi errori. Lascia andare il passato, le tue convinzioni e fidati di me.

Il Metodo Barista Ricco, dato che è attentamente strutturato e programmato, per riuscire non ammette cambiamenti o ripensamenti. Dovrai seguire alla lettera il programma. Lo scopo? Portarti al risultato o ai risultati che desideri in un terzo del tempo che sarebbe necessario in condizioni normali.

Alcune scuole di caffetteria potrebbero affermare che il Metodo vada contro alcuni principi dell'educazione standard e ufficiale. Tuttavia, essi dimenticano che oggigiorno la maggior parte delle persone non studiano questa materia per essere riconosciute come il miglior caffè del paese, ma per acquisire skill legate al business e una libertà finanziaria. Il mio pubblico, di conseguenza, vuole imparare l'arte della caffetteria e il suo business nella maniera più veloce, facile ed economica possibile.

Qui di seguito troverai l'esercizio della Ruota del Bar Perfetto. Ti consiglio di utilizzare una matita, in modo che tu possa aggiornarlo a mano a mano che migliori nel tempo.

Esercizio: la Ruota del Bar Perfetto

Questa attività riprende l'esercizio della Ruota della Vita del saggista e life coach Tony Robbins e ti permette di scattare un'istantanea del tuo business.

Come? Più la ruota che crei, valutando i diversi settori, si avvicina a un cerchio perfetto, più questa permetterà al tuo business di crescere e avanzare velocemente.

Pensaci. Come ti troveresti a guidare una macchina le cui ruote non sono tutte uguali? Sicuramente faresti una fatica enorme per mantenere non solo l'equilibrio ma anche la strada.

Ecco le regole dell'esercizio:

- Devi dare un punteggio oggettivo (sii onesto!) a ciascuna area che vedi rappresentata nella ruota. Cosa intendo? Devi chiederti: come sono messo da 1 a 10 in ognuno dei settori? Quindi colora in maniera corrispondente.

- Il grafico che otterrai ti darà un'idea di quanto bilanciamento c'è tra tutte le componenti e quali sono i settori su cui devi lavorare per creare quell'equilibrio che ti farà andare spedito verso gli obiettivi prefissati. Per avere una ruota perfetta che corre veloce gli spicchi devono essere completamente allineati e raggiungere il decimo cerchio.

- Fai l'esercizio in modo sincero, quasi spietato. Solo così emergerà davvero quello che funziona e quello che non funziona e devi, quindi, migliorare.

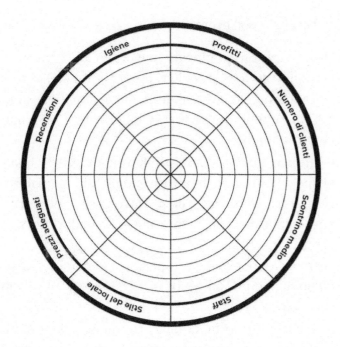

Cosa sono gli spicchi. Hai dei dubbi su cosa significhino alcuni spicchi? Qui di seguito trovi una spiegazione dettagliata.

Profitti. Il giro d'affari lordo è importante per la movimentazione bancaria, l'autorevolezza sul fatturato e il potere d'acquisto con i fornitori. Il profitto dal business è quello che rimane in mano alla società tolte tutte le spese.

Numero di clienti. Il numero di persone che hanno accesso all'attività commerciale. Rappresenta un dato fondamentale per fare un'analisi su come si possa programmare al meglio una campagna marketing finalizzata a un'attività di cross-selling/up-selling.

Scontrino medio. Il report del profilo del tuo cliente ti fa capire quanto spende mediamente nella tua attività e come puoi alzare questo dato.

Staff. In questo business si vince o si perde tutti insieme. È un gioco di squadra. La media della squadra si basa sull'anello della filiera più debole.

Stile del locale. L'arredamento e la comunicazione del tuo locale devono essere coerenti con quello che è la visione della società (qualsiasi essa sia, tradizionale, moderna o particolare).

Prezzi adeguati. I prezzi dei prodotti o dei servizi offerti devono essere continuamente aggiornati e motivati ai clienti. Prezzi adeguati ti permettono di portare utili per la salvaguardia della missione commerciale.

Recensioni. Le recensioni sono fondamentali per la motivazione del tuo team, per il posizionamento sul mercato e per convertire in clienti chi consulta social o siti web che esprimono un giudizio sull'attività.

Igiene. Importantissimo. Anche se il tuo business è perfetto, se manca l'igiene... non andrai avanti. Per una scarsa attenzione ai dettagli, puoi rischiare di vedere chiusa la tua attività e perdere, così, tempo e soldi.

Igiene ineccepibile nel servizio e del locale ti aiuteranno ad aumentare esponenzialmente il fatturato. Non allentare mai la cinghia. È davvero uno dei punti a cui devi tenere di più.

Risultati. Se la ruota è perfetta puoi darti una pacca sulla spalla e dirti "ben fatto!"

Se invece è irregolare, significa che devi migliorare. Prima di tutto, cerca di fare chiarezza sulle aree di riferimento. Chiuditi in una stanza e metti della musica che ti ispiri.

Prendi una risma di carta, delle penne e inizia a fare brainstorming con te stesso o con i tuoi soci. Definisci o definite gli obiettivi, mettendo una data di scadenza per ognuno.

Consigli. Focalizzati principalmente sulle soluzioni e mai sul problema. Abbandona la vocina interna che vuole sabotare il tuo sogno, quella che ti fa provare ansia e paura creandoti solo difficoltà.

Se il risultato non è soddisfacente, non voglio che ti demoralizzi. Le difficoltà e gli imprevisti ci saranno sempre. Fanno parte della vita! Ma se impari a focalizzarti sulle soluzioni, mantenendo un atteggiamento propositivo, riuscirai a superarli e diverrai più forte, riuscendo anche ad accrescere la tua autostima. Da questo momento in poi devi concentrarti sulle azioni da fare per massimizzare e ottimizzare sia l'impatto sia la redditività del business.

Le credenze limitanti e quelle potenziali

Voglio che questo manuale sia una specie di brainstorming che ti permetta di ottenere il massimo dalla capacità di analizzare le cose che non funzionano e dalle idee che ti verranno al riguardo. Proprio per questo ti invito a fare un altro esercizio, "Conosci le tue credenze". Si tratta di un'attività che concerne le credenze che ognuno di noi ha, ovvero quelle convinzioni che a volte ci spronano a migliorare e che in altre, invece, ci bloccano.

Prima di farlo, però, voglio spiegarti brevemente cosa intendo con questo termine.

Le credenze, di solito, nascono da un evento che ha inciso su di noi. Un evento che ci ha fatto apprendere qualcosa sulla vita e che si è radicato così profondamente da modificare il nostro comportamento. Insomma, andiamo sempre in quella direzione, spesso inconsciamente.

Un'altra maniera in cui nascono le credenze è attraverso la ripetizione. Ovvero quando sentiamo costantemente, come il ritornello di un disco rotto, qualcosa tipo "l'amore non esiste", "solo i delinquenti diventano ricchi", "è impossibile fare tanti soldi nella vita" o "ci vogliono sangue e sudore per arrivare da qualche parte". Credenze popolari o familiari che ci improntano in una programmazione negativa. A furia di sentirle ripetere, queste frasi si ancorano dentro di noi fino a diventare quello che crediamo.

Ci perseguiteranno per tutto il resto della nostra esistenza. Deformano la realtà, fino anche a cancellarla!

Un esempio? Se io, dopo qualche delusione o ascoltando quelle degli altri, mi convinco che tutte le donne siano uguali in maniera negativa, cancellerò dalla mia realtà l'informazione che le donne, invece, non sono tutte uguali. Di conseguenza, se ne noterò una diversa da cui sono attratto, arriverò a deformare la realtà, chiedendomi "chissà cosa nasconde" o "chissà quali sorprese potrebbe farmi". Insomma, inizierò a usare l'immaginazione in modo da far avvalere la mia credenza. E rinuncerò a conoscere quella donna.

Le credenze negative, proprio come ho appena mostrato, facilmente ci bloccano nel raggiungimento dei nostri obiettivi. Quindi, se io voglio diventare ricco, ma ho convinzioni del tipo "i soldi sono sporchi", "i soldi portano sfortuna", "soltanto chi è già ricco può diventare più ricco" il mio obiettivo sarà di certo più difficile, se non impossibile, da raggiungere.

Fatte queste precisazioni, sei pronto per il prossimo esercizio?

Esercizio: conosci le tue credenze

Scrivi senza filtri quello che ti fa paura del tuo progetto e quello in cui, invece, ti senti forte.

- Le mie credenze limitanti

- Le mie credenze potenzianti

- Ora fai la lista degli obiettivi da raggiungere. Non dimenticarti di apporre una data di scadenza.

Capitolo 2
Costruisci il tuo business model

Cos'è un business model

Il business model (da non confondere con il business plan, che vedremo nel capitolo 3) è il quadro della tua attività. Quando stai per lanciare una startup, il business model ti farà vedere in un unico foglio tutto ciò che dovrai fare per costruire il tuo prodotto o servizio, dandoti le informazioni più importanti come a chi rivolgerti, quali ricavi attenderti, quali costi devi sostenere etc. In questo modo potrai vedere quali sono le componenti essenziali, come strutturarle e come andare a riempire ogni singolo blocco del link canvas.

Forse ti starai chiedendo cosa sia un link canvas: è un quadro grazie al quale puoi raffigurare il tuo business model. Per farlo, basta avere un foglio A4. Suddividilo in **9 blocchi**:

- clienti;
- problema;
- offerta di valore;
- soluzione;
- canali;
- ricavi;
- costi;
- metriche;
- vantaggio competitivo.

Grazie a questo schema, puoi avere tutte le variabili del tuo business model in un'unica facciata. Questo ti aiuterà a collegare i vari aspetti del tuo business e a capire come essere efficace.

I blocchi dei link canvas

Ora ti spiego cosa rappresenta ogni blocco per poi illustrarti come pianificare e lanciare la tua startup con esempi e case studies.

Ricorda: i *clienti* sono il fuoco della tua attività. Ti devi concentrare su di loro per comprendere che cosa costruire, come farlo, quali canali utilizzare. Il fine? Trasmettergli il tuo valore.

Allo stesso tempo, dovrai analizzare il *problema*. Il problema sarà la tua stella polare, quello che vuoi risolvere per i tuoi clienti. Dato che intendi trasmettere loro del valore, tuo compito è aiutarli in qualcosa di specifico. Proprio per questo al centro del canvas ci sarà la tua *offerta di valore*, la promessa che fai ai clienti.

Il blocco successivo, sulla base del problema che hai individuato e della tipologia di cliente a cui ti rivolgi, sarà esattamente la *soluzione*. La soluzione è la risposta ai problemi che individuerai lungo il tuo processo formativo e la creazione della tua attività.

Il quinto blocco da completare è quello dei *canali*. I canali sono i modi che userai per trasmettere la tua offerta di valore ai clienti. Sarà tuo compito comprendere quale possano essere i migliori per il tuo business.

Non potrà mancare la parte di studio dei *ricavi*, ovvero capire come e quanto far pagare il tuo servizio o prodotto. Potrà avvenire attraverso un pagamento, oppure potrai usare un modo alternativo di monetizzare. Pensiamo, ad esempio, a *Google*, che non fa pagare per fare le ricerche ma offre alcuni servizi a pagamento, come le inserzioni pubblicitarie.

Siamo arrivati al blocco dei *costi*. La valutazione dei costi (ti consiglio di essere dettagliato) ti aiuterà a capire quale sia il tuo *breakeven po*int – il punto di pareggio – e di quanti clienti hai bisogno per arrivarci. Quest'ultima è una delle metriche basilari per capire se il tuo business è sulla giusta strada e se stai realizzando qualcosa di positivo. Le *metriche* (indicatori di performance) devono valere come obiettivi e devono essere decise fin dall'inizio. Goal come "devo raggiungere tantissimi clienti" non sono effettivi perché non sarai in grado di quantificare se hai raggiunto una certa soglia capace di dirti che la direzione che hai preso è quella giusta o se, invece, devi effettuare un cambiamento di strategia.

L'ultimo blocco è il *vantaggio competitivo*. Facile che all'inizio rimanga vuoto dato che ancora non sai quale sia precisamente il tuo valore aggiunto rispetto alla concorrenza.

Sarà, tuttavia, molto importante ragionare fin da subito su quale sia il tuo punto distintivo, il vero valore che vuoi offrire al cliente e che differenzia il tuo servizio o il tuo team, per esempio.

I clienti

Ti starai chiedendo: ma come faccio a scegliere il mio target? Voglio, quindi, farti un esempio concreto parlandoti di noi di *Caffè Latino*.

Agli inizi abbiamo deciso di concentrarci sul mercato che conoscevamo meglio, l'Italia, soffermandoci su un preciso target di clienti. Questo perché il marketing sarebbe stato tanto più semplice quanto effettivo. Indirizzando il nostro prodotto a un gruppo specifico di utenti la possibilità di successo era, infatti, più elevata di quella che avremmo potuto avere rivolgendoci a un pubblico generico e internazionale.

Abbiamo quindi analizzato il mercato italiano, selezionando le persone che potevano essere più interessate alla nostra tipologia di servizio. Come? Per esempio cercando gli utenti nei gruppi *Facebook* legati al nostro settore e in quelli di aiuto per gli startupper.

Abbiamo quindi iniziato a studiare il nostro mercato, a vedere qual era il nostro target ideale e quali fossero le persone più influenti e autorevoli a marcarlo. Di seguito, abbiamo profilato i nostri utenti target.

Ti consiglio, però, di stare molto attento quando definisci il tuo target. Spesso, infatti, si può incorrere in un problema chiamato "punto di massimo locale". Cosa significa? Pensa a uno scalatore che si trova a valle e vuole scalare la montagna più alta. Inizia a scalare quella che crede sia la più alta, ma arrivato in cima facilmente si accorgerà che non distante c'è un monte molto più elevato, un monte che dalla valle non poteva vedere. Questo è l'errore in cui spesso incappano molte startup: mirano al target più evidente e tralasciano il resto. Per evitarlo è assolutamente necessario fin dall'inizio cercare di capire quale sia il tuo *punto di massimo globale*, evitando quello di massimo locale. Altrimenti potresti arrivare in una fase in cui non riesci più ad ampliare il tuo business, a generare nuove risorse, a renderlo, quindi, sostenibile e a finanziare la tua crescita.

Grazie ad alcune interviste e indagini, noi di *Caffè Latino* abbiamo scoperto che molte startup hanno avuto questo problema e si sono, quindi, trovate a dover cambiare il loro business model per arrivare a un miglior risultato.

Di conseguenza fin dall'inizio cerca di strutturare più modelli di business, cercando di capire quali gruppi di persone possono essere effettivamente interessate al tuo servizio.

Nei primi tempi potrà essere molto efficace concentrarsi su un mercato piccolo ma in crescita, piuttosto che su uno grande ma saturo.

Questo perché in uno spazio in cui ci sono già diverse soluzioni a un problema, le persone facilmente ne avranno già provato una. Faranno, quindi, più fatica a adottare la tua soluzione.

In un mercato piccolo, invece, è più facile proporre nuovi modi in cui risolvere il problema. Sarà meno arduo che i clienti si affezionino al tuo prodotto, anche se non è ancora strutturato né perfetto. Anzi, saranno addirittura ben disposti a darti dei feedback per cercare di migliorare la tua offerta. Saranno felici di plasmarla e costruirla con te sulla base di quelle che sono le loro necessità. Gli utenti affezionati saranno i primi a voler adottare il tuo prodotto e a divenire, così, *adopter*.

Crea i profili del tuo target. C'è un metodo molto efficace e divertente per capire quale possa essere effettivamente il tuo target di riferimento.

Come? Crea dei profili di persone reali che corrispondono ai tuoi utenti. Quindi impersonificali e appendi il loro ritratto in ufficio. Devono avere le caratteristiche del tuo cliente ideale, almeno finché non testerai le caratteristiche di quello reale nel mercato... reale. Solo in quel momento potrai, infatti, avere dei modelli concreti.

Il problema

Il blocco del problema è importante quanto quello dei clienti. Si tratta, inoltre, di due blocchi estremamente interconnessi, tanto da poter essere compilati più o meno nello stesso momento.

Fin da subito devi concentrarti per capire quale sia il problema che i tuoi clienti devono risolvere, capire dove siano i loro bisogni e come tu possa sviluppare un prodotto o un servizio che li aiuti. Per iniziare, ti consiglio di buttare giù (senza pensarci troppo) una lista di quelli che ritieni possano essere gli ostacoli che affrontano i clienti del target che hai individuato.

Può essere davvero utile chiedere a ognuno dei tuoi utenti quale sia il problema più urgente che sta affrontando. Questo ti aiuterà a non rischiare di sviluppare un qualcosa di non richiesto e così di sprecare tempo e risorse.

Per aiutarti a capire ti racconto come abbiamo fatto noi di *Caffè Latino*.

Il target di clienti che avevamo individuato era intorno ai ventidue, venticinque anni, ovvero ragazzi che ancora studiavano all'università o che avevano appena intrapreso una carriera. Su queste basi avevamo individuato tre possibili problemi che facilmente avrebbero riscontrato nel dare vita a una startup:

- un insegnamento, quello della scuola italiana, troppo teorico, che poco aiuta nella praticità di un business;

- un web pieno di informazioni in cui è davvero difficile orientarsi per arrivare all'obiettivo;
- informazioni online perlopiù teoriche e poco pratiche.

Abbiamo, quindi, fatto alcune ricerche per capire se c'erano altri servizi mirati a risolvere i problemi dei nostri utenti (la famosa concorrenza). Abbiamo trovato diverse piattaforme che offrivano corsi formativi legati al business. Per la maggior parte, però, erano generaliste e in lingua inglese. Demi, per esempio, è una piattaforma che offre milioni di corsi.

Tuttavia si tratta di un marketplace in cui chiunque può caricare una lezione. Per questo motivo l'utente non è mai sicuro della qualità formativa, non sa se fidarsi e se i consigli possano essere davvero validi.

Abbiamo anche scoperto che le stesse università offrono dei corsi pratici e che anche gli incubatori di impresa propongono contenuti formativi.

Di seguito, abbiamo analizzato a uno a uno i nostri concorrenti per capire come loro risolvessero il problema, e come e dove noi potessimo differenziarci.

Considera tutti i potenziali competitor. Quando fai queste ricerche e inizi a pianificare una soluzione, ti consiglio di tenere sempre in considerazione anche come i tuoi utenti possono risolvere il loro ostacolo in maniera alternativa. Non sempre, infatti, il concorrente più temibile è quello immediato. Pensa, per esempio, alla messaggistica. Ci sono milioni di modi per scambiarsi messaggi. Se vuoi creare il nuovo *WhatsApp* non devi considerare come *competitor* solamente *WhatsApp*. Dovrai, invece, includere anche le semplici e-mail dato che sono una forma di messaggistica non *live* ma molto utilizzata in ambito lavorativo.

Ti invito, quindi, a considerare qualsiasi aspetto per cercare di trovare il tuo punto di forza, la tua differenza, quello che permetterà ai tuoi clienti di innamorarsi della tua offerta.

L'offerta di valore

Il terzo blocco è la *unique value proposition*, la tua offerta di valore.

L'offerta di valore è la promessa che fai ai tuoi clienti, il perché dovrebbero comprare il tuo prodotto o adottare il tuo servizio. Si parla, quindi, di un vantaggio, un beneficio finale.

È la proposizione di valore che inserirai nel tuo business model. È anche l'immagine che scegli per dare l'idea al tuo cliente di cosa sta comprando, a che cosa va incontro e qual è il problema che potrà risolvere grazie alla tua offerta. Dovrà stuzzicare il cliente, mantenendo la sua attenzione puntata verso la tua offerta.

Voglio farti un esempio. Prova a immaginare di andare sulla landing page di un prodotto o servizio che tu non conosci ma che ti incuriosisce (magari un tuo amico lo ha condiviso su *Facebook* o qualcuno te ne ha parlato). Studi dimostrano che mediamente manterrai la tua attenzione all'interno del sito per circa otto secondi.

Questo ti dà un'idea di quanto sia cruciale creare il giusto messaggio, la giusta offerta di valore per spingere l'utente a continuare a scorrere la pagina e ad approfondire la conoscenza di quello che offri.

Anche noi di *Caffè Latino* abbiamo ideato una proposizione che si basasse esattamente sul target di clienti che avevamo individuato, ovvero le persone che avevano fame di costruire un qualcosa di loro.

Ovviamente i nostri corsi agli inizi si adattavano a diverse tipologie di utenti e potevano anche essere di interesse a persone che volevano acquisire le competenze necessarie per lavorare in una startup, senza esserne gli imprenditori. Tuttavia non avevamo strutturato il nostro messaggio su di esse. Il nostro principale target di clienti nella prima fase di vita era miratissimo: startupper. Ciò potrebbe sembrarti un po' contro intuitivo, in quanto limitante. Ma credimi, in realtà ha creato molta più chiarezza. Il messaggio, infatti, arriva diretto ed efficace ai clienti di maggiore interesse.

L'importanza del *high concept pitch*. Non appena strutturata la tua *unique value proposition*, dovrai formulare un'altra piccola frase che ti aiuterà nel momento in cui andrai a proporre il tuo prodotto o servizio ai primi utenti. Questa frase si chiama high concept pitch e si basa su una semplice similitudine.

Ci sono pitch molto famosi che sono stati adottati da alcune startup che ora sono fra le aziende più conosciute.

Per esempio *YouTube* inizialmente si proponeva come "la leader dei video *Flickr*". *Flickr* è un sito che raggruppa migliaia di immagini caricate dagli utenti e visualizzabili da chiunque. *YouTube* si presentava con lo stesso concept ma per i video.

Possiamo divertirci trovando i pitch più adatti alle startup italiane. Rifletti anche su quale sarebbe la tua reazione nel sentire una certa frase per descrivere un prodotto.

Prova a immaginare di essere fra i fondatori di *Fazland*. Potresti, ad esempio, definirlo "un *Airbnb* ma di professionisti". Mentre *Airbnb* offre case in affitto permettendo agli utenti di lasciare delle recensioni sulla loro esperienza, *Fazland* offre i servizi di professionisti come tecnici del parquet, idraulici, muratori etc. Grazie al sito, l'utente è in grado di prenotare il professionista, scegliendolo in base alle review.

41

Con un pitch del genere, l'utente che non conosce *Fazland* ha facilmente un'idea, un quadro di massima di quello che offre.

Un altro servizio di cui voglio parlare è *Fubles*, un social network in cui si organizzano partite di calcetto. In questo caso potresti dire che è "il *Facebook* del calcetto" e una persona avrebbe subito chiaro cosa è.

Grazie a *Fubles* potrà, infatti, organizzare partite, vedere gli amici sulla bacheca, facendo altre operazioni tipiche di un social network.

Così, con un pitch d'effetto, anche senza avere sviluppato un prodotto e averlo fatto vedere, gli utenti avranno già in mente un'immagine pregressa di quello che offri. Potranno anche darti consigli su come migliorarti.

Nel caso di *Caffè Latino* un perfetto pitch potrebbe essere "tutorial per gli startupper". Tutorial evoca il concetto di video che insegna qualcosa in maniera pratica. Con startupper, invece, abbiamo un chiaro riferimento al mondo delle start up, dell'imprenditore che vuole dare vita a una nuova attività.

> **Sii sintetico e ascolta.** Quando spieghi il tuo progetto ai tuoi potenziali clienti ricordati di non dedicare decine di minuti a descrivere esattamente il concept, anche perché facilmente perderanno la concentrazione. Se invece hai una frase semplice ma chiara, come un pitch, facilmente l'utente valuterà la tua idea.

Non dimenticarti di ascoltarlo. Grazie al suo feedback, infatti, avrai la possibilità di studiare quale sia il tuo mercato.

Concentrati e ascolta sempre i suggerimenti dei tuoi clienti. Saranno infatti loro a dirti qual è la soluzione che desiderano e il problema che stanno sperimentando.

In questo modo avrai un'idea immediata e chiara di quello che dovrai sviluppare. Il cliente sarà libero poi di porti delle domande per capire meglio che cosa sia il tuo prodotto e che cosa lui o lei cerchi in esso.

La soluzione

La soluzione è ciò che studierai per risolvere i problemi che hai scoperto e riscontrato nei tuoi clienti target, soluzione che definirai sempre meglio. Sarà molto importante, infatti, tenere costantemente aggiornato il tuo modello canvas.

Se ti ricordi, all'interno del blocco del problema avevamo individuato i tre maggiori ostacoli che i clienti potenziali di *Caffè Latino* sperimentavano all'interno del loro percorso. In questo blocco bisogna trovare le tre soluzioni ai tre problemi.

Su questa base, noi di *Caffè Latino* abbiamo deciso di offrire ai nostri utenti un servizio che:

- fosse molto pratico e poco teorico;

- proponesse corsi chiari e incentrati sui primi mesi di strutturazione di una start up;
- offrisse casi reali riportando esempi di startup italiane, di chi ce l'ha fatta. Esperienze che avrebbero potuto ispirare nuovi startupper, dando loro la giusta confidenza per iniziare a mettersi in gioco.

In questa fase è necessario che tu faccia *i primi test* sul tuo modello per capire se stai andando nella giusta direzione, in modo da non sprecare tempo e strutturare tutti gli altri cinque blocchi rimanenti inutilmente. Come insegna la metodologia, dovrai andare *out of building*, ovvero "uscire di casa" e intervistare i tuoi potenziali clienti.

In questo modo capirai se effettivamente il problema e la soluzione che hai individuato siano reali e possano essere base di un business sostenibile. Potresti anche scoprire che la soluzione e il problema sono giusti ma è il target di clienti a essere sbagliato.

In uno degli esperimenti per *Caffè Latino* abbiamo intervistato alcuni studenti universitari per capire quale fosse il loro problema principale. Molti di loro ci hanno risposto che non sapevano come pubblicizzare le proprie idee di business. Gli abbiamo quindi chiesto se seguire corsi molto pratici di web marketing e di strategia online avrebbe potuto essere una valida risposta a questo problema.

Dopo 50 interviste almeno il 60% degli intervistati ci ha confermato la volontà di usufruire del nostro servizio!

Per fare gli esperimenti/interviste per testare il tuo modello, ti consiglio di usare una tavola di nome *Javelin*. *Javelin* ti aiuterà a inquadrare tutte le variabili che dovrai testare permettendoti di valutare gli esperimenti che farai per validare le tue ipotesi.

È formata da 5 colonne che rappresentano i 5 esperimenti che farai in maniera consecutiva. Ecco le variabili:

- il cliente;
- il problema;
- la soluzione;
- l'ipotesi del rischio;
- il metodo.

Un chiarimento sull'ultimo punto. Il metodo è come valuterai il criterio di successo e racchiude gli elementi che ti faranno capire se il tuo esperimento è andato bene.

Come fare le interviste. Vai nel tuo luogo di interesse (dove si trova il tuo target), ferma le persone e... chiedi. A mano a mano capirai con più precisione qual è il problema che i tuoi clienti-target stanno sperimentando e quale soluzione vorrebbero avere. Affinerai il tuo modello e passerai all'esperimento successivo per capire un'altra variabile l'importante.

45

Ogni esperimento, infatti, deve indagare e validare una singola variabile e una singola ipotesi. Il processo deve scalare permettendoti così di arrivare al miglior modello possibile.

Dovrai anche scrivere ogni volta qual è stato il risultato del test, quali sono le decisioni che ne conseguono e cosa in particolare hai imparato ascoltando gli intervistati.

Mi raccomando, fai le interviste! Sono importantissime. So che non è facile fermare le persone ma anche da questo dipende il tuo futuro di imprenditore.

Usa le interviste per il tuo successo. Datti degli obiettivi realistici ed efficaci. Non bastano quattro interviste. Noi di *Caffè Latino* ritenevamo che 50 fosse il numero necessario per capire come affinare il nostro problema e la nostra soluzione.

Ed è infatti proprio grazie alle interviste che abbiamo scoperto quanto la formazione in una lingua straniera non fosse l'ostacolo principale. I ragazzi interpellati, infatti, già facevano ricorso a corsi in inglese. Trovavano, invece, un grosso problema il fatto che fossero incentrati su altri mercati e non su quello italiano. Per questo non riuscivano sempre a trovare l'insegnamento pratico che stavano cercando.

Di seguito abbiamo, quindi, modificato il nostro business model, inserendo le interviste-video alle startup italiane. In questa maniera potevamo offrire dei case studies reali, specificamente legati al territorio.

> Tieni a mente che i consigli che riceverai dai tuoi potenziali clienti saranno fondamentali e potrebbero determinare la chiave del tuo successo.

I canali

Ora che hai definito tutti questi elementi, puoi capire quali sono i canali migliori per il tuo business.

Anche in questo blocco tieni a mente il tuo obiettivo: devi trovare i primi *adopter*. Saranno loro, infatti, a permetterti di costruire il tuo minimo *viable product* e di testare il mercato. Cerca di guardare sempre i canali in quest'ottica.

È davvero importante che all'inizio utilizzi i canali più economici possibili. Devi ancora capire se il tuo business model è valido. Per questo, ti invito a stare molto attento nell'investire troppe risorse in una fase così prematura. Potrebbe, infatti, essere uno spreco se i clienti potenziali non si dimostrassero interessati al tuo prodotto.

Una chiave per il successo è avere i costi più bassi possibili in modo da rimanere in attivo.

Concentrati, quindi, sui canali gratuiti (come i social media) senza ricorrere ancora a quelli a pagamento.

Prediligi i *canali inbound*, che si basano sulla creazione di contenuti. Nei canali inbound sono gli stessi potenziali clienti a trovare il tuo servizio, piuttosto che il contrario.

Questo inizialmente è molto efficace anche perché, come vedremo, ti farà capire meglio qual è il tuo cliente-target, ovvero chi sta davvero cercando il tuo prodotto (dato che arrivano a te spontaneamente).

Certo, puoi anche ricorrere a un *canale outbound*, come quello delle interviste dirette. L'investimento per noi di *Caffè Latino* è stato forte in termini di tempo ma non in termini finanziari.

Le interviste sono state, comunque, utili. Grazie a esse, infatti, puoi anche fare delle ricerche di mercato, andare a testare il prezzo senza ancora vendere. Puoi anche invogliare il cliente ad andare sulla tua piattaforma o sul tuo sito/canale di vendita per effettuare l'acquisto. Questo permetterà all'utente di abituarsi al tuo canale, di conoscerlo e di effettuare in futuro acquisti ripetuti in maniera indipendente.

È un modo molto più pratico e intelligente della classica vendita a porta a porta. Quest'ultima è giustificata solo nel caso in cui vendi un prodotto di altissimo valore. Pensa, per esempio, al *Folletto* della *Vorwerk* (l'aspirapolvere per eccellenza), che quasi tutte le famiglie italiane hanno in casa.

Il *Folletto* è un bene costoso e ciò giustifica l'avere degli agenti specializzati che lavorano come rappresentanti di vendita.

Per la maggior parte dei servizi o prodotti, tuttavia, vanno bene canali automatizzati.

Inoltre, ti consiglio di usare solo canali di cui sei proprietario. In questa fase devi raccogliere informazioni, cercare di avere tutti i dati possibili e immaginabili sul tuo utente-target (chi acquista il vostro prodotto, chi sono i tuoi *adopter* etc.).

Per questo è meglio che non ti affidi a partner che potrebbero non essere in grado di procurarti questi dati.

Ci sono delle eccezioni, ovviamente, ma assicurati fin da subito che l'azienda terza ti permetta di poter controllare il processo e di ottenere tutte le informazioni di cui hai bisogno.

Sii flessibile. Come abbiamo già visto, noi di *Caffè Latino*, oltre ai canali principali, abbiamo deciso di usarne uno alternativo: quello del confronto grazie alle video-interviste alle startup.

Sapevamo che i clienti avevano bisogno di ricevere dei consigli pratici e di valore e così abbiamo deciso di veicolarli nelle video-interviste, con la prospettiva di farlo diventare un modello di business. Se avessimo visto i clienti iscriversi soprattutto al canale video-interviste e non ad altro, in quel caso avremmo potuto cambiare il nostro modello andando a concentrarci solo ed esclusivamente su quel servizio, che inizialmente ritenevamo secondario.

Diviene quindi importantissimo costruire diversi canvas e testare via via le ipotesi per comprendere quale sia quella migliore, quella a cui devi puntare perché racchiude in sé il maggior numero di clienti disposti a sostenere il tuo business.

I ricavi

È uno dei blocchi più importanti del business model. I ricavi, infatti, saranno la fonte per il sostentamento e la crescita del tuo business. Prima riuscirai a coprire costi e ad arrivare al punto di pareggio (il *breakeven point*) prima riuscirai a generare degli utili. In questo modo creerai delle risorse che potrai reinvestire nella tua attività. E sarà un ottimo risultato.

Si tratta di un passo fondamentale ma anche molto difficile da strutturare agli inizi. Questo perché stai creando un prodotto o servizio che non è ancora completo (e non deve esserlo) e che possiede le caratteristiche minimali per risolvere i problemi dei tuoi *adopter*.

Tuttavia, rimane importantissimo chiedere ai tuoi clienti di pagare! E da subito! Lo so, potrebbe sembrarti strano, dato che hai un prodotto che non è ancora perfetto e magari non è neanche bellissimo da vedere. Ma devi sforzarti di validare il tuo modello anche per capire se nel lungo periodo riuscirai a essere sostenibile. Inoltre, per ogni offerta di valore che trasmetti devi per forza chiedere un valore in cambio. Mai svenderti!

Esistono diverse *strategie di vendita*, come le famose "prove gratuite". Noi di *Caffè Latino* abbiamo iniziato offrendo dei contenuti free per gli utenti che volevano semplicemente testare il nostro prodotto (è un servizio tutt'ora disponibile).

Ma per il resto chiedevamo sempre una somma in cambio, anche perché se un utente si abitua ad avere un servizio gratis difficilmente sarà poi disposto a pagare per lo stesso.

Anche le strategie di pricing dipendono dal prodotto o servizio che offri. Per avere un'idea pratica ti consiglio di cercare un prodotto o un servizio simile al tuo e vedere quali modalità di vendita e prezzi usa.

Le strategie di pricing. Ora ti presento alcune delle principali tipologie di pricing.

La prima ovviamente è quella del prezzo fisso. Pensiamo, per esempio, a una camicia di *Blues Brothers* che costerà la stessa cifra sia nei negozi sia sul sito e-commerce del brand. È il modello di pricing più semplice: l'utente paga esattamente per ciò che riceve, ovvero il prodotto fisico o virtuale che ha acquisito.

Una seconda metodologia di pricing è quella invece chiamata "freemium". In questo caso l'utente può accedere a dei servizi gratuiti ma nel caso voglia un upgrade dovrà, invece, pagare. Pensiamo al social network di professionisti, *LinkedIn*.

Tutti possono iscriversi e avere molte funzionalità in maniera gratuita ma per avere accesso a un maggior numero di informazioni e di profili (di valore) *LinkedIn* offre dei piani mensili a pagamento.

La terza strategia di pricing prevede di non far pagare nulla al semplice utilizzatore ma di chiedere invece una somma ai clienti. Il caso più famoso in questo senso è *Google*. *Google* è perlopiù gratis. Un utente usa *YouTube*, *Google Docs*, manda un'e-mail... senza pagare. Tuttavia, *Google* ha anche dei servizi a pagamento, come per esempio le inserzioni pubblicitarie che fanno apparire gli annunci nei primi spazi del motore di ricerca.

Parlando di Italia, mi viene in mente *Paster*, una app gratuita per chi vuole collezionare *coin* per poi accedere a degli sconti correlati. È gratuita per i clienti, ma a pagamento per gli esercenti. E gli esercenti sono disposti ad abbonarsi in modo da attirare i clienti nel proprio negozio e fidelizzarli.

Controlla i costi, controlla il prezzo. La strategia di pricing, ovviamente, dipende dal tipo di business che hai. Per definire il prezzo del tuo servizio o prodotto devi aver chiaro quanto ti costerà produrre quel valore e a quanto ammonteranno gli investimenti che dovrai sostenere per il lancio. Concentrati sui costi necessari a sviluppare un minimo *viable product*, in modo da contenere le risorse e spendere non poco, ma quello che è sufficiente a costruire un prodotto che risponda alle principali necessità dei tuoi clienti target.

Non preoccuparti. Dopo avrai tempo per migliorare il prodotto nella direzione che ti indicheranno i clienti stessi.

I costi

Per definire i costi, ti consiglio di avere una chiara idea di quelli fissi e di quelli variabili.

I *costi fissi* sono quelli che non crescono proporzionalmente al crescere del tuo giro d'affari. Può essere una connessione Internet, per esempio. Anche se ti allargherai difficilmente avrai bisogno di modificare l'abbonamento (certo, ci sono alcune eccezioni!).

I *costi variabili* sono invece quelli legati alle vendite. Se per esempio produci magliette di cotone, nel momento in cui la tua produzione crescerà, aumenterà anche la quantità di materia prima necessaria a produrle. Il costo variabile, quindi, crescerà proporzionalmente all'aumentare del numero di magliette e scenderà nel momento in cui questo diminuirà. Si tratta di un costo flessibile ed è proprio alla flessibilità a cui bisogna puntare in questa prima fase di startup. Anche perché non avendo tante risorse da investire, devi essere accurato: so che se vendo tot, spendo tot.

Noi di *Caffè Latino* agli inizi ci siamo concentrati solo sui costi necessari a costruire il nostro minimo *viable product* (i nostri primi due corsi e le prime video-interviste). In quel momento il nostro obiettivo principale non era offrire una qualità altissima dei video e dell'audio ma di trasferire ai clienti i nostri contenuti. Di conseguenza, abbiamo registrato con la telecamera dell'iPhone, microfoni e cuffie incluse.

Solo quando abbiamo capito che il messaggio era passato e che i nostri clienti apprezzavano la nostra mission, abbiamo iniziato a investire per migliorare il nostro prodotto in termini di qualità.

In questa prima fase ti consiglio di tenere sempre in mente qual è il tuo obiettivo principale e in base a questo fai le scelte migliori per non sprecare tempo e risorse.

Dopo aver stabilito i costi e il prezzo che ti permette di diventare sostenibile, devi iniziare a calcolare quanti clienti dovrai acquisire per andare in pareggio ovvero raggiungere il *breakeven point*.

È fondamentale avere un'idea precisa di numero non solo per poter stimare il tempo che impiegherai per essere sostenibile ma anche in un'ottica di possibile futura richiesta di finanziamento a esterni.

Voglio farti un esempio. Ipotizziamo tu abbia una startup chiamata *Wine Wine Around*. Si tratta di un sito di e-commerce che esporta vino in Europa. Ogni bottiglia ha un prezzo medio di 10 €, ci sono dei costi fissi di 1,20 €, quindi 5.000 € per il sito che hai fatto costruire, spese di marketing e alcune altre variabili (1 € a bottiglia per il trasporto, per esempio).

Devi quindi capire quante bottiglie dovrai vendere per far arrivare la cassa finale a zero, ovvero le bottiglie vendute che ti permettono di coprire le spese sostenute.

E così scoprirai che dovrai vendere 70.300 bottiglie in un anno per raggiungere il pareggio.

Questo numero ti dà una prima idea delle dimensioni che dovrà assumere il tuo business per diventare sostenibile.

Nel calcolare il numero di clienti, ricordati che potrai aumentare l'arco temporale (considerando per esempio due anni) e cambiare molte altre variabili. Questo di *Wine Wine Around* vuole essere solo un esempio sintetico per darti un'idea della questione.

Excel è un amico. Per calcolare il numero di clienti necessari per raggiungere il tuo *breakeven point*, ti consiglio di usare il programma Excel. Excel ha una funzione molto pratica che ti aiuterà a calcolare il tutto in maniera automatica aggiungendo di volta in volta i dati.

Le metriche

A questo punto devi mettere in moto un metodo per capire se il modello che stai strutturando e che ancora non hai testato possa avere successo, ovvero se stia piacendo o meno. Questo metodo si basa su alcune metriche che ti comunicheranno in termini quantitativi e temporali se stai andando nella giusta direzione.

Una delle principali difficoltà per gli imprenditori alle prime armi è quella di essere onesti con sé stessi. Ti consiglio di non fare come la maggior parte di loro, ma di darti degli obiettivi specifici che ti spingano a cambiare direzione nel momento in cui quello che pensavi fosse un modello perfetto non sta invece performando. Per farlo, devi avere in mente qual è il tuo obiettivo di medio e lungo periodo, e strutturare anche degli **obiettivi intermedi**. Si tratta di traguardi che ti aiuteranno a capire se la tua attività sta avanzando come previsto. Queste metriche ti aiuteranno a rimanere sempre flessibile e a cambiare direzione se necessario.

Quando parlo di "cambiare direzione" non intendo modifiche rivoluzionarie! A volte basta cambiare una virgola per riuscire a performare molto meglio. Insomma, se sei in grado di monitorare la tua attività giorno per giorno, capirai se stai percorrendo o meno la strada giusta.

Concentrati sui dati in grado di mostrarti se la tua offerta di valore viene veicolata nel giusto modo, se il costo di produzione è adeguato, se il prodotto piace ai tuoi clienti etc. Non ci sono metriche preimpostate per ogni startup. Dovrai cercare di individuare quelle più effettive per la tua attività in base alla tua offerta di valore.

Il metodo del pirata. Un metodo che puoi utilizzare inizialmente è quello "del pirata". È un sistema che non ti dirà esattamente quale metrica utilizzare, ma ti renderà conscio della fase di vita che sta attraversando il cliente nella sua esperienza di acquisto del prodotto o servizio.

La prima fase è quella dell'*acquisizione*, il momento in cui il cliente viene a contatto con il tuo sito, per esempio, e capisce che il tuo prodotto o servizio esiste.

La seconda è quella dell'*attivazione*. Il cliente è ora interessato a quello che stai facendo in maniera effettiva. Ha capito che puoi risolvere un suo problema. Te lo dimostra lasciandoti l'indirizzo e-mail, per esempio.

La terza fase è quella della *retention*. In questo momento il cliente torna più volte nel tuo sito, cerca di rimanere aggiornato attivamente. Vuole, quindi, sperimentare tutto quello che gli offri gratuitamente.

La quarta è quella del *referral*. Il cliente suggerirà ai suoi amici l'utilizzo della tua piattaforma o servizio. Vuole, quindi, condividere la soluzione con più persone. Grazie ai *referral* potrai iniziare a generare profitti, il che significa che stai vendendo la tua offerta. Quindi arriva la quinta e ultima fase: quella del *ricavo*.

Ognuna di queste cinque fasi può essere vista come una fase di vita della startup. Grazie alle metriche legate a ogni step potrai capire se stai facendo le mosse giuste. Se i clienti arrivano sulla landing page ma poi nessuno lascia l'e-mail o si iscrive alla newsletter significa che qualcosa non funziona e deve essere cambiato. Al contrario, se sempre più persone tornano al sito per iscriversi, avrai una conferma dell'efficacia della landing page.

Altre metriche possono essere il numero di persone che usufruiscono del tuo servizio e se lo hanno gradito o meno. Sono, di nuovo, variabili importantissime per capire come migliorare il tuo prodotto.

Nel momento in cui vedrai sempre più utenti condividere sui social i tuoi servizi, avrai una conferma dell'efficacia di quello che fai.

Noi di *Caffè Latino* solo nel momento di condivisione (la fase del *referral*) abbiamo iniziato a sviluppare i primi ricavi importanti.

Quindi: pochi obiettivi ma chiari, in modo da capire se continuare sulla stessa strada o migliorare qualcosina.

L'importante è crescere, non rimanere in stallo. Se non avanzi evidentemente stai compiendo degli errori che devono essere rivisti e risolti.

Alcune metriche di base. Prima ti ho detto che non ci sono metriche valide per tutte le startup. Tuttavia, ci sono delle metriche di base che sicuramente potranno aiutarti in questa prima fase.

Una fra tutte: il *customer acquisition cost*, ovvero il costo che sosterrai per acquisire ogni cliente. Ti consiglio di calcolarlo ogni due o tre settimane. Agli inizi per ottenerlo dovrai dividere i costi sostenuti per il numero di nuovi clienti che in quel periodo sei riuscito ad attivare. Si tratta di utenti che da visitatori del sito sono passati a essere clienti del tuo prodotto o servizio. Una seconda metrica fondamentale è quella della *retention*.

Una volta che hai acquisito dei clienti e che questi sono venuti a contatto col tuo prodotto o servizio, devi cercare di mantenerli attivi. Anche se si innamorano del tuo prodotto devi migliorare sempre di più l'esperienza d'acquisto e di utilizzo perché continuino ad amarlo.

Un'altra metrica importante è il *lifetime*, ovvero il valore che ti porta il cliente durante la sua esperienza di acquisto. Ti consiglio di valutarlo su un tempo piuttosto lungo (sei mesi, per esempio). Equivale al ricavo che quel cliente ha dato alla tua startup in quel periodo.

Contatta i clienti attivi per vedere cosa effettivamente piace. Quindi, senti quelli inattivi (ovvero coloro che pagano per il tuo prodotto o che sono iscritti o che ci hanno lasciato la e-mail ma che non hanno utilizzato alcunché) e cerca di capire il perché sono inattivi. Potresti scoprire che basta migliorare una caratteristica per renderli attivi.

Oltre al *retention rate*, ovvero il tasso di ritenzione, calcola sempre anche il **tasso di abbandono**, ovvero quante persone lasciano il tuo prodotto, perché lo fanno e in quanto tempo lo fanno. Se il tasso di abbandono è alto significa che i clienti non si stanno innamorando del tuo prodotto!

Calcola questi tassi con ritmo mensile o bimestrale, a seconda di quant'è la durata necessaria a portare il tuo valore ai clienti.

Per esempio, un cliente è rimasto abbonato sei mesi al tuo servizio X. A seconda del piano di abbonamento avrà speso una somma specifica e quindi dovrai calcolare il ricavo, ovvero il margine che sei stato in grado di generare attraverso quel cliente.

Devi capire se ne è valsa la pena, anche per vedere se la tua politica di prezzo è adeguata al valore che gli hai trasferito.

Nel corso della creazione della tua startup, ti imbatterai in tantissime altre metriche. Su Internet puoi trovare molto materiale a riguardo.

Il vantaggio competitivo

Siamo all'ultimo blocco. Abbiamo visto le variabili che possono comporre la tua attività, come strutturare il prodotto, come venderlo, quanti ricavi attenderti e quali costi sosterrai. Ora è arrivato il momento di capire quale sarà il tuo tratto distintivo rispetto alla concorrenza. Non parlo tanto di caratteristiche del prodotto quanto di come lo riproduci, come lo porti avanti... il tuo carattere distintivo, quello che attira i clienti.

Dico la verità. Questo è il blocco più difficile da strutturare. Il motivo è semplice: all'inizio non saprai bene quale sia l'offerta di valore che il cliente si aspetta da te e come differenziarti, ma devi comunque fin da subito iniziare a pensare a come farlo.

Nei primi tempi potrà rimanere bianco per qualche settimana, ma dopo un po' di test sui potenziali clienti e feedback, inizia a elaborare, a cercare di capire qual è la differenza che ti può rendere unico.

Noi di *Caffè Latino* abbiamo cercato fin da subito di costruire un team valido e di allargare il nostro network personale in modo da riuscire a coinvolgere il maggior numero di startup possibili.

La nostra offerta di valore voleva proprio essere quella di portare casi reali, di dare un insegnamento pratico e concreto. E ciò poteva essere supportato direttamente dalle startup italiane a cui avremmo potuto fare le interviste o che avremmo portato come esempio all'interno dei nostri corsi.

Il nostro punto di forza si è rivelato quello di costruire un network che sarebbe stato difficile da replicare. Se qualcuno oggi volesse lanciare la nostra stessa attività dovrebbe cercare di scalare di nuovo questa piramide che abbiamo costruito con pazienza nel tempo. È un vero vantaggio competitivo.

Tuttavia, stiamo lavorando su altri elementi per differenziarci. Per esempio, stiamo cercando di proporre nei nostri corsi i migliori istruttori in circolazione. Non si tratta di docenti universitari, ma di giovani professionisti che come te hanno sviluppato le loro idee o lavorano tutti i giorni a contatto col mondo delle startup.

Persone che sanno quali sono i problemi che sperimenti ogni giorno e possono darti suggerimenti utili e concreti che ti aiutino a fare quello che vuoi e devi fare. Non sono contenuti teorici, difficili da applicare nella realtà di tutti i giorni, ma consiglio pratici e utili.

Ti ho fatto questi esempi per farti capire come i vantaggi si costruiscono solo con il tempo e sarà con il tempo che anche noi di *Caffè Latino* arriveremo ad avere una posizione abbastanza forte da essere la soluzione di riferimento nel mercato italiano.

Vantaggi e svantaggi degli innovatori. Non dimenticare che il vantaggio competitivo dipende da situazione a situazione. A volte è tutto nell'essere il *first mover*, ovvero il primo a esplorare un nuovo mercato. Ma questa è una parte molto difficile e non sempre è un vero vantaggio perché chi verrà dopo di te avrà già tutta la tua esperienza da copiare e replicare per migliorarsi!

I *fast follower* sono quelli che ti seguono ma in verità copiano quello che di buono hai fatto riuscendo a implementare le migliorie necessarie in un tempo molto più veloce del tuo.

Quindi, ti consiglio di costruire un valore che sia difficilmente replicabile dai tuoi competitor o che sia un qualcosa che loro possano ripetere sì, ma solo in molto tempo. Dovranno trovare spazio sul mercato con molta difficoltà.

Capitolo 3
Passa all'azione

Il business plan: come e perché

Il business plan è un documento nel quale spieghi i tuoi obiettivi e le strategie che devi mettere in atto per raggiungerli. Nel plan deve essere anche chiaro il motivo per cui per te quei goal sono importanti e come intendi rimanere sostenibile nel tempo (ovvero finanziare la tua crescita).

Si tratta di una pianificazione fondamentale per un business e può essere utilizzata a fini sia interni sia esterni.

Internamente, ti servirà a pianificare i tuoi obiettivi e capire quale sia la direzione da prendere per far crescere la tua startup. Ti permetterà anche di controllare periodicamente se li stai raggiungendo. Saranno proprio i numeri a farti capire se sei sulla strada giusta. Se il fatturato cresce o la marginalità diminuisce, potrai analizzare ogni singola sezione del business plan per comprendere quali sono state le variabili che hanno determinato questi cambiamenti.

Ultimo ma non meno importante, il business plan ti servirà per poter gestire al meglio il tuo team. Se hai degli obiettivi ben definiti (in termini sia strategici sia di numeri) puoi suddividere i compiti dando un giusto impulso a tutti i collaboratori.

A livello esterno, invece, il business plan è spesso utilizzato in fase di startup per cercare un investimento, detto finanziamento.

Anche perché spesso si parte con un progetto espandibile, ma prima di arrivare a guadagnare tanto da rendere positiva e sostenibile la tua marginalità dovrai compiere degli investimenti. Parlo di somme da immettere nel marketing per farti conoscere oppure di altre necessarie per comprare o affittare uno spazio dove poter produrre i tuoi beni o servizi. Sarà quindi importante capire quale sia il fabbisogno finanziario di cui necessiti per poter coprire questi bisogni che ti aiuteranno a raggiungere la fase di stabilità.

Avere un business plan ben strutturato non solo darà a un investitore esterno un'idea di quali siano le strategie e di quale investimento dovrà affrontare per permetterti di raggiungere gli obiettivi prefissato, ma gli permetterà anche di capire quanta percentuale di equity deve aspettarsi a fronte dell'investimento.

Crea il tuo business plan

Forse ti starai chiedendo: ma come si crea un business plan? Qui di seguito ti mostrerò come fare. Lavoreremo insieme passo per passo.

Punto 1. Iniziamo con le informazioni basilari:

- Ragione sociale

[ ]

- Nome del business

[ ]

- Soci

[ ]

- Contatti

[ ]

- E-mail

[ ]

- Tel

[ ]

- Sito web

[ ]

- Canali social

[ ]

Punto 2. Ora, invece, andiamo più sullo specifico per avere un chiaro *executive summary.*

- Qual è l'attività principale del tuo business?

[ ]

- Come ti distingui dai tuoi concorrenti?

- Qual è il tuo mercato di riferimento? Chi è il tuo cliente-tipo?

- Come funziona la tua attività? (ovvero come creerai il tuo prodotto o servizio e dove ha sede la tua attività)

- Quali sono le tue proiezioni finanziarie?

- Di quanti soldi hai bisogno?

- Descrivi il tuo prodotto o servizio.

- Quale problema risolve il tuo business rispetto ai tuoi concorrenti? E come?

- Qual è la tua storia ed esperienza? (qualifiche, formazione ed esperienza lavorativa, capacità, conoscenze, competenze)

Punto 3. Ora definiamo il profilo dei tuoi potenziali clienti. Trova le informazioni facendo delle ricerche di mercato specifiche, che si basino sia su statistiche misurabili sia su esperienze e opinioni individuali.

- In che modo i tuoi clienti decidono dove acquistare?

- Quali sono le loro aspettative?

- Hai già dei clienti? Se sì, analizzali e definisci il loro profilo e il loro comportamento di acquisto.

- Quali tendenze di mercato hai notato?

- Cosa ti hanno detto le persone del tuo prodotto o servizio?

- Cosa gli piace e cosa non gli piace?

Punto 4. Chi sono i tuoi concorrenti? Individuane almeno tre e compila per ognuno di essi il profilo che segue.

- Nome 1

- Posizione nel mercato (è leader o innocuo?)

- Prezzo

- Punti di forza

- Punti di debolezza

- Cosa pensano le persone di questo business? Cosa gli piace e cosa pensano possa essere migliorato?

- Nome 2

- Posizione nel mercato (è leader o innocuo?)

- Prezzo

- Punti di forza

- Punti di debolezza

- Cosa pensano le persone di questo business? Cosa gli piace e cosa pensano possa essere migliorato?

- Nome 3

[ ]

- Posizione nel mercato (è leader o innocuo?)

[ ]

- Prezzo

[ ]

- Punti di forza

[ ]

- Punti di debolezza

[ ]

- Cosa pensano le persone di questo business? Cosa gli piace e cosa pensano possa essere migliorato?

[ ]

Punto 5. Ora fai un'analisi SWOT della tua attività.

- Punti di forza

[ ]

- Punti di debolezza

[ ]

Punto 6. Soffermati prima sulle opportunità del tuo business, ovvero sulla sua unicità, e quindi sulle possibili minacce che potrebbe incontrare.

- Unicità del tuo progetto/opportunità

- Minacce

Punto 7. Ti consiglio di preparare una chiara strategia di marketing. Il marketing, infatti, influenzerà l'intera operazione, dallo sviluppo del prodotto alle vendite alla distribuzione. Rispondi a queste domande:

- In che modo il tuo prodotto o servizio avvantaggia i tuoi clienti?

- Come promuoverai il tuo prodotto o servizio? Descrivi brevemente la strategia.

- Quali saranno i tuoi canali di marketing?

- Perché hai scelto questi canali?

- Quanto costerà il tuo piano marketing?

Punto 8. In questa sezione ci dedicheremmo ad alcuni elementi pratici della tua attività.

- Come creerai il tuo prodotto o servizio in modo da renderlo unico?

- Come offrirai il tuo prodotto o servizio ai tuoi clienti?

- Chi sono i tuoi dieci fornitori più importanti?

- Fai un elenco degli articoli e dei termini accordati nei pagamenti con questi dieci fornitori.

- Di quale attrezzatura hai bisogno? Quanto costa? Quanto sarà il totale?

- Descrivi i tuoi locali commerciali (città, zona, metri quadrati).

- La tua sede aziendale supporta ambizioni di crescita, ovvero possibilità di ampliamento?

Punto 9. Il team è essenziale per la riuscita di qualsiasi business. Elenca le principali persone che compongono la squadra del tuo business, descrivendo i loro ruoli e le loro competenze. Quindi delinea il background delle figure utili a gestire la tua attività.

1.

2.

3.

4.

5.

6.

7.

8.

Punto 10. Ultimo punto ma non per importanza: la pianificazione finanziaria, ovvero l'individuazione dei costi e dei ricavi previsionali.

Questa parte è puramente tecnica e potrebbe risultare un po' difficile. Per questo, puoi fissare una consulenza con me per la compilazione e centrare, così, il tuo obiettivo. Scrivi a: *hello@baristaricco.com*.

Capitolo 4
Definisci la tua squadra

Dare ordini è poco produttivo

Quando ero bambino i miei genitori mi dicevano cosa fare e se non lo facevo mi sgridavano, fino a darmi delle belle punizioni. A scuola, gli insegnanti mi davano ordini e se disubbidivo prendevo brutti voti o note di demerito. Intorno ai vent'anni ho fatto il servizio militare e anche lì erano dolori se non eseguivo i voleri del sottotenente di turno. Subito dopo ho iniziato a lavorare e anche in quel caso mi sono trovato a che fare con un boss molto direttivo.

Quando ho aperto il mio primo business e ho avuto il primo dipendente, indovina come ho iniziato ad approcciarmi? Proprio come tutti avevano fatto con me: gli davo ordini, dettando legge. Mi sembrava il metodo più rapido e più facile per raggiungere i miei obiettivi, inoltre mi dava la sensazione di avere tutto sotto controllo.

Ma con il passare del tempo e dell'esperienza mi sono reso conto di quanto fosse sbagliato. Prima di tutto perché chi ordina di solito non ascolta, e così infastidisce e demotiva il suo staff. I collaboratori, infatti, non si sentono stimolati a fare del loro meglio e a partecipare attivamente, anche perché in ogni caso la loro opinione non sarà presa in considerazione.

In presenza del superiore sono servili, ma appena va via si comportano diversamente, nel migliore dei casi fornendo prestazioni scadenti, nel peggiore interrompendo il lavoro o sabotando l'intero progetto!

Insomma, il superiore è ben lontano dall'avere il controllo della situazione. Forse crede di averlo, ma è un'illusione. Inoltre i dipendenti, non essendo motivati, difficilmente memorizzeranno quello che devono fare. Inconsciamente, anzi, lo rifiuteranno.

La tabella che trovi qua sotto mostra le differenze di apprendimento dei tre principali metodi formativi.

Dopo tre mesi, ecco quanto rimane nella nostra memoria:

Solo detto	Detto & mostrato	Detto, mostrato, sperimentato
10%	32%	65%

Credo sia chiaro. A dare solo ordini, difficilmente si avrà uno staff efficiente e ben consolidato. Sempre meglio essere un buon esempio e lasciare al proprio dipendente un ampio margine di manovra.

Conclusione: insegna con l'esempio e giudica dai risultati.

l collaboratori: la selezione

La ricerca del personale è un'opportunità per un business di essere visibile e di farsi, quindi, conoscere. Assumendo si dà un messaggio positivo all'esterno e questo vale sia per una startup sia per un'azienda avviata.

Per questo ti consiglio di giocare bene questa occasione. Come? Per esempio, nell'annuncio metti in risalto le capacità, conoscenze e competenze richieste, così da far percepire al lettore professionalità e meritocrazia nella scelta.

Dopo una prima scrematura e selezione, puoi tutelarti facendo fare al potenziale collaboratore un breve periodo di prova. In questo modo avrai dei feedback più realistici sulla sua preparazione e sulla sua capacità di gestire la clientela.

Personalmente, ho alcune regole di base in cui non transigo quando si parla, per esempio, di domande fatte dal candidato durante i colloqui. Quando un candidato mi chiede a bruciapelo informazioni precise su orari e retribuzione, prima che abbiamo discusso di etica lavorativa, passione, idee, progetti e formazione... capisco che quella persona non può fare a caso mio.

Come trovare i collaboratori. Per ricercare nuovi dipendenti, e ricevere i loro CV, si possono utilizzare diversi mezzi di comunicazione, dai social media ai siti web di settore ai quotidiani alle riviste.

Nelle grandi aziende di solito è il dipartimento risorse umane a occuparsi dell'assunzione di nuovi collaboratori. Chi ha dei fondi, può rivolgersi a delle agenzie specializzate in recruitment.

L'importanza dello store manager

Una figura essenziale all'interno di uno store è quella del responsabile del punto vendita.

Lo store manager è, infatti, il punto di riferimento per la proprietà, per lo staff, per i clienti e per i fornitori. Le sue responsabilità e compiti possono determinare il risultato di un'attività. Proprio per questo ho deciso di dedicargli una parte specifica.

Una delle caratteristiche più importanti di un buon store manager è una spiccata *attitudine alla leadership*. La leadership è una competenza che si può sviluppare con l'esperienza, ovvero grazie a tante piccole azioni costanti che portano a dei risultati.

Si tratta di azioni che concernono soprattutto la formazione. Ecco una breve lista di cose che il buon store manager deve implementare nella sua quotidianità:

- leggere per almeno quindici minuti ogni giorno libri stimolanti. Suggerisco alcuni autori: Daniel Goleman, Anthony Robbins, Brian Tracy, John C. Maxwell, Stephen Covey;
- frequentare corsi di formazione;
- frequentare le persone giuste. Jim Rohn, maestro della leadership, afferma che il contesto e le cinque persone che frequentiamo maggiormente determinano i nostri risultati e le nostre aspirazioni. Siamo, infatti, condizionati da essi;
- essere costante. La madre di tutte le competenze, infatti, è la ripetizione. Non basterà completare queste azioni per un mese, ma neanche per un anno... devono essere una scelta di vita.

> **Un circolo virtuoso.** Se lo *store manager* riuscirà a portare ogni giorno a casa dei piccoli risultati, il suo valore manageriale verrà riconosciuto dal team e da tutto il management della società. Quando iniziano ad arrivare feedback positivi a catena, il cliente lo avverte, il team lo recepisce e la proprietà ringrazia e premia.

Un buon mentore per un buon business

Ci sono persone, dette mentori, che possono avere un impatto profondo sul percorso professionale e sulla vita di ognuno di noi. Certo non è facile trovare il mentore giusto.

Un elemento che può aiutarti a scegliere la persona adatta può essere che con essa condividi valori, finalità e obiettivi.

Un mentore è una persona con un bagaglio di conoscenze, capacità e competenze superiori rispetto al tuo, che opera o lavora in un ambito di tuo interesse. Grazie a lei o lui, puoi raggiungere ciò che ti sei prefissato in ambito professionale, sportivo o anche solo personale.

Come in tutti i rapporti interpersonali, per avere il massimo, è necessario partire con una generosa reciprocità e un profondo senso di gratitudine. Il mentore non deve essere trattato come un limone da spremere. Il rapporto fra mentore e alunno si basa sullo scambio e sulla fiducia.

Sii selettivo. Non accontentarti nel trovare il tuo mentore. Trova la persona giusta, un tuo pari che tiri fuori il meglio di te.

Ricorda: ognuno di noi è la media delle persone che frequentiamo. Se intendi alzare i tuoi standard, sii selettivo.

Capitolo 5
Il manuale operativo: la forza del tuo business

Trova il nome perfetto

L'attività legata alla ricerca di un nome per un brand si chiama *naming*. Ma come si fa a scegliere il nome adatto? E quali caratteristiche deve avere?

In passato, quando non c'era internet, era più facile scegliere un nome. Oggi il mondo del business è cambiato, la promozione è cambiata, i clienti sono anch'essi cambiati. Dobbiamo gestire i social network (strumenti essenziali per interagire con i clienti) e un sito internet, che deve essere indicizzato. Insomma, trovare un nome giusto significa anche trovarne uno adatto al web e a tutte le sue dinamiche. Un esempio? Il dominio deve essere libero.

Ci sono degli elementi essenziali che rendono un nome vincente: deve richiamare quello che facciamo, deve essere corto, conciso, facilmente pronunciabile nella lingua locale (a meno che si voglia replicare il concept all'estero). Inoltre, meglio che non sia qualcosa di inflazionato.

Hai dei dubbi a riguardo? Possiamo scoprire il miglior nome per il tuo business insieme. Inviami un'e-mail a: *hello@baristaricco.com*.

91

Uno strumento essenziale

Il manuale operativo, che si trova in qualsiasi pacchetto di acquisto, è un concetto molto diffuso in ambito franchising.

Nel manuale operativo di solito sono raccolte tutte le informazioni e procedure dei processi del business. Consente, quindi, a una persona di poter gestire un determinato strumento e di riuscire a farlo, ingrandendosi.

Le istruzioni in un manuale devono essere efficaci e chiare. Ma allo stesso tempo devono essere sintetiche, dato che il tempo è denaro. Leggere il manuale operativo richiede, ovviamente, tempo ma deve essere quello sufficiente a darti le informazioni di cui hai bisogno per poter fare una cosa. Chiunque, leggendo i processi, seguendo passo per passo le istruzioni riportate all'interno, dovrebbe essere in grado di fare quella determinata operazione anche se è la prima volta che la fa.

Per renderti tutto più chiaro, voglio utilizzare l'esempio del manuale per il montaggio di un mobile. Se le istruzioni sono precise e fin dall'inizio ti tengono per mano, saranno in grado di farti costruire il mobile senza intoppi. Non sbaglierai, non ti dimenticherai di qualche pezzo lungo il tragitto!

Ora ti faccio l'esempio di un manuale operativo legato alla ristorazione. Per essere efficace non dovrà soltanto contenere le indicazioni per preparare i piatti del menu, ma dovrà anche presentare molto altro: come si fanno gli ordini, quali sono gli orari, la calibrazione dei macchinari, l'etichetta-accoglienza clienti etc. Non ultimo, sarà essenziale includere anche le informazioni legate al format: la sua storia, i suoi valori, il codice etico.

Insomma, dovrà esserci tutto ciò che concerne l'operato della tua attività. Niente escluso. Anche perché prima o poi le lacune verranno fuori in termini di processo o di personale.

Strumento di crescita. Il *Barista Ricco* deve avere un manuale operativo esaustivo, pieno di informazioni precise ed essenziali sulla sua attività. È uno strumento imprescindibile per crescere ed emergere.

Capitolo 6
Le dieci abitudini degli imprenditori di successo

In commercio ci sono molti manuali e biografie in cui puoi trovare consigli su come diventare una persona di successo.

Tante le idee, con una costante: per essere più produttivi bisogna avere delle buone abitudini. Ho qui selezionato le dieci abitudini che ritengo più efficaci.

1. **I ritmi di dormi/veglia sono importanti.** È importantissimo dormire regolarmente e alzarsi presto.

Di prima mattina avrai più probabilità di concentrarti in totale tranquillità sulle attività più urgenti per raggiungere i tuoi obiettivi. E non sarai interrotto da telefonate, ordini e altro. Molti studi, inoltre, dimostrano che il cervello è maggiormente attivo tra le due e le quattro ore dopo il risveglio.

Ti consiglio, quindi, di organizzare la tua giornata in modo da andare a dormire a un orario decente. Il cervello e il corpo hanno bisogno del giusto riposo.

Non dimenticare anche di concederti del relax ogni giorno. Può essere del tempo passato con i tuoi cari, un film da vedere o un libro da leggere.

Per un sonno ristoratore è importante mettere da parte gli schermi almeno trenta minuti prima di andare a letto. Lascia aperte le persiane della camera. Richard Branson, fondatore del gruppo Virgin, ama svegliarsi con la luce naturale, dice che lo rende più produttivo.

2. **Pianifica le tue giornate.** Le persone di successo non improvvisano le loro giornate ma le pianificano attentamente e costantemente, anche con settimane in anticipo. Avere un piano ti permetterà di organizzarti al meglio e di raggiungere gli obiettivi prefissati senza perdere tempo. Per farlo, ci sono alcuni trucchi fondamentali.

Il primo: ogni giorno assicurati di fare una cosa che sia funzionale al raggiungimento dei tuoi obiettivi di breve, medio e lungo termine. In questo modo quotidianamente farai un passo avanti verso la loro realizzazione.

Non dimenticarti anche di creare una lista delle cose che devi assolutamente fare, delle persone che devi contattare, dei micro-obiettivi che vuoi raggiungere. Fai per prime le cose più urgenti e importanti e via così. Dove scrivere i tuoi appunti? Utilizza un semplice block-notes, un'agenda o una app sul telefono come *Keep* di *Google*. Quest'ultimo è un servizio (semplice, funzionale e gratuito) per prendere note e creare liste.

Se stai portando avanti un progetto corposo, ti consiglio di identificare ogni giorno le attività su cui devi concentrarti. In questo modo non resterai immobile a guardare la parete della montagna, ma ti focalizzerai sui singoli passi da compiere. Prendere note aiuta anche ad alleggerire la mente!

Usa un calendario *Google* e tienilo sempre aggiornato. Per averlo, basta un semplice account Gmail. Grazie al calendario, potrai creare eventi, invitare persone, impostare promemoria e lanciare riunioni virtuali grazie a *Google Meet*.

Un altro trucco è quello di essere in grado di accogliere gli imprevisti. Se avrai un ottimo piano, sarai anche maggiormente pronto a sbrigare le nuove urgenze che arriveranno. Non avrai problemi ad adattarti alla realtà. Per questo, nel preparare la scaletta del giorno, lascia sempre del tempo per gli imprevisti, per assistere colleghi che potrebbero aver bisogno di te e per altre attività che potrebbero richiedere la tua attenzione.

In questo senso, una buona abitudine è calendarizzare al massimo il 60% della giornata lavorativa, mantenendo aperte delle finestre. Queste possibilità, ovviamente, dipenderanno dalle attività di cui ti occupi e dalle persone con cui lavori. Se per esempio sei proprietario di un bar, agli inizi dovrai passare molto tempo dietro al bancone. Ma potresti comunque ritagliarti dei momenti per il riordino degli ingredienti o per le attività promozionali.

Se invece gestisci un hotel, avrai occasione di inserire nel tuo calendario attività di tipo manageriale o imprenditoriale.

3. **Una cosa per volta**. Niente multitasking. La moda del multitasking era in voga dieci anni fa. Oramai per rendere di più e avere successo è vivamente consigliato concentrarsi su una cosa per volta. In questa maniera potrai curarla al meglio, senza distrazioni.

Molte ricerche recenti di neuroscienze, infatti, hanno dimostrato quanto il cervello non riesca a svolgere più compiti nello stesso momento. In realtà è un continuo cambiamento di attività: si passa da una cosa all'altra in un processo molto rapido di stop e start. È un qualcosa di faticoso per il cervello che non fa risparmiare tempo, ma costa tempo. Ci rende meno efficienti, ci fa stancare, causa più errori e nel tempo può essere fonte di stress.

Qualche esempio? Non rispondere a un'e-mail mentre segui una videoconferenza. Evita di avere le notifiche del telefono attive, mentre stai analizzando i risultati del mese.

Fai una cosa per volta, dedicando a ogni attività almeno venti, trenta minuti, facendola seguire da una pausa di cinque.

4. **Coltiva e mantieni la calma.** La fretta e il successo non vanno particolarmente d'accordo. L'impazienza genera carenza di attenzione e stress. Al contrario un approccio pacato aiuta a mantenere l'equilibrio, a concentrarsi meglio, ad ampliare il campo visivo così da analizzare meglio il contesto e gestire le situazioni. Questo, ovviamente, non significa passare ore a progettare senza mai passare all'azione, e neanche soffermarsi ogni volta su nuovi dettagli! "Fatto è meglio che perfetto" dicono saggiamente gli inglesi (*done is better than perfect*). A me piace dire che "troppa analisi crea paralisi". Quindi: azione, azione, azione! Ma con metodo.

5. **Prenditi una pausa.** Ogni giorno bisogna avere un po' di tempo per pensare e meditare. Non dimenticare di fare delle pause, alzando la testa dal tavolo di lavoro, scollegandoti dal pc e dal telefono. Anche Bill Gates, il celebre fondatore di *Microsoft*, si prende ogni giorno una pausa di riflessione nonostante la vita frenetica e gli impegni.

Se non lo fai, rischi di concentrarti talmente tanto sulla gestione quotidiana del business da ignorare tutto quello che succede nel mondo circostante. Ovvero: cosa stanno facendo i concorrenti, come si stanno muovendo i clienti, ci sono nuove possibilità di sviluppo?

Prenderti del tempo per riflettere ti aiuta ad allargare il campo visivo e a cogliere le opportunità di crescita che hai a portata di mano.

6. **Divertiti.** Per riuscire a guidare un business al suo meglio nel lungo periodo, ti consiglio di non considerare la vita come solo un lungo lavoro.

Questo, anzi, potrebbe alla lunga sortire l'effetto contrario, portandoti a un logoramento fisico e mentale.

Quindi, inserisci nel calendario anche attività extra ma importanti. Possono essere legate all'attività fisica, al fare la spesa, può essere un semplice appuntamento dal barbiere o una cena con gli amici. In questo modo sarai più consapevole di come passate il tempo e non rischierai di lavorare ventiquattro ore su ventiquattro, tralasciando tutte le altre cose che ti piacciono.

I momenti di relax ti faranno guadagnare gioia e serenità. Grazie a loro riuscirai a prendere il meglio da tutti gli aspetti della vita. Ti aiuteranno anche a costruire la tua personalità, facendoti diventare più interessante, più abile. Grazie ai tuoi hobby potresti anche trovare nuove opportunità di business!

È inoltre dimostrato che fare allenamento fisico faccia scaricare la tensione, ci renda più lucidi e motivati.

Il 70% delle persone di successo riserva almeno mezz'ora al giorno ad attività extra come andare a correre, fare una corsa in bici o anche solo una semplice passeggiata. Insomma, mantieniti attivo, il business ti ringrazierà.

7. **Impara a donare.** "Nessuno è diventato povero donando" sostiene Richard Branson.

Dedica anche tu tempo, energie e risorse alle questioni che ti stanno a cuore. Può essere la cultura, la povertà o il cambiamento climatico. Ne uscirai arricchito e contribuirai a migliorare il pianeta. Anche questo significa successo.

8. **Lasciati inspirare.** Cerca ogni giorno nuovi stimoli. In questo modo ti sentirai vivo e troverai sempre nuove idee. Usa la tua sensibilità in più direzioni. Un imprenditore sa bene che il successo ha bisogno di creatività, non è qualcosa che si impara solo sui libri. A volte basta una canzone, una passeggiata nella natura o una nuotata per essere stimolati e trovare il giusto slancio per ripartire.

9. **Leggi.** Evidenti i benefici della lettura. Le persone più ricche al mondo leggono sui cinquanta libri all'anno. La persona media invece ne legge solo uno e mezzo...

Certo, non ti sto dicendo che la chiave per il successo sia leggere. Tuttavia, grazie alla lettura le persone di successo riescono ogni giorno a imparare qualcosa di nuovo ampliando il loro bagaglio di conoscenze. Ci sono libri scritti da imprenditori che parlano dei loro anni di errori ed esperienze e solo in poche pagine! Leggendo riuscirai a conoscere le loro storie e a prendere ispirazione.

Mentre la maggior parte di noi perde tempo, le persone di successo continuano a istruirsi e a imparare. In questo modo saranno sempre un passo avanti.

10. **Decidi il presente per un futuro migliore.** Le persone di successo iniziano presto e prima. Tutti gli altri, perlopiù, aspettano il momento giusto che magari non arriverà mai.
Ricorda: il successo non arriva in un giorno! Prima inizi, meglio è. A poco a poco potrai avvicinarti sempre di più ai tuoi traguardi. Sii pronto anche a sacrificare il presente per raggiungere i tuoi obiettivi. Troppi si lamentano ma poi trascorrono il tempo libero guardando la TV o scrollando la bacheca dei social, facendo nulla di produttivo.
Abbiamo tutti le stesse ventiquattro ore al giorno a nostra disposizione. Tutto sta nel modo in cui decidiamo di utilizzarle.

I migliori imprenditori sanno di essere gli unici responsabili della loro vita. Per questo fanno affidamento solo su loro stessi. Le persone che non hanno successo, invece, usano ogni situazione a loro favore per poi poter inventare scuse. "Non ho tempo", "non sono bravo abbastanza", "non ha senso farlo"... sono solo scuse.

La strada verso il successo non è mai facile e inventarsi scuse non sarà mai la soluzione. Per avere un'attività che funzioni non esistono scorciatoie. Le persone che hanno raggiunto obiettivi importanti non incolpano gli altri per i loro errori. Sanno che tutto fa parte del processo.

Ogni sbaglio serve per crescere e imparare. Più scuse ti inventi, meno sarà in controllo la tua vita. Quindi, prendi in mano la situazione, usa gli errori e i dolori per diventare più forte.

Pochi obiettivi finanziari ma precisi. Per le persone di successo è fondamentale avere dei chiari obiettivi finanziari. Dire semplicemente "voglio essere miliardario" non è un obiettivo! Meglio invece usare frasi come: "voglio guadagnare 100.000 € in un anno". In questo modo sai che devi guadagnare almeno 273 € al giorno. Ponendoti questo traguardo, la tua mente ogni giorno si chiederà "come posso raggiungerlo?", "come posso risparmiare?".

Anche se 100.000 € è una somma difficile da raggiungere (se parti da zero), la voglia di conquistare quella cifra ti darà la motivazione di provare ad avvicinartici. Magari alla fine avrai guadagnato solo 20.000 €, ma avrai comunque dato il massimo. Avere un obiettivo piccolo come 10.000 € non ti stimolerà a dovere. Un goal che non sogna non ti dà quella grinta e motivazione della quale hai bisogno per eccellere.

Non per ultimo, se non ti poni nessun obiettivo finanziario, avrai la sensazione di rimanere sempre nella stessa posizione. Non cresci, non fai errori, non scopri nuove cose.

Se sei arrivato fino a qui probabilmente hai la giusta motivazione.

Complimenti! Non è per nulla scontato.

Se vuoi rimanere in contatto, ti invito a prenotare una prima video call conoscitiva. Si tratta di una consulenza gratuita e senza impegno.

Scrivimi a: *hello@baristaricco.com*.

Appunti

Appunti:

_____

_____

_____

_____

_____

_____

Obiettivo:

_____

_____

Data di scadenza dell'obiettivo: _____

Appunti:

_____

_____

_____

_____

_____

Obiettivo:

_____

_____

Data di scadenza dell'obiettivo: _____

Appunti:

_____

_____

_____

_____

_____

_____

Obiettivo:

_____

_____

Data di scadenza dell'obiettivo: _____

Appunti:

_____

_____

_____

_____

_____

_____

Obiettivo:

_____

_____

Data di scadenza dell'obiettivo: _____

Appunti:

_____

_____

_____

_____

_____

_____

Obiettivo:

_____

_____

Data di scadenza dell'obiettivo: _____

Appunti:

_____

_____

_____

_____

_____

Obiettivo:

_____

_____

Data di scadenza dell'obiettivo: _____

Appunti:

_____

_____

_____

_____

_____

_____

Obiettivo:

_____

_____

Data di scadenza dell'obiettivo: _____

Appunti:

_____

_____

_____

_____

_____

_____

Obiettivo:

_____

_____

Data di scadenza dell'obiettivo: _____

Appunti:

_____

_____

_____

_____

_____

_____

Obiettivo:

_____

_____

Data di scadenza dell'obiettivo: _____

Appunti:

_____

_____

_____

_____

_____

_____

Obiettivo:

_____

_____

Data di scadenza dell'obiettivo: _____

Appunti:

_____

_____

_____

_____

_____

Obiettivo:

_____

_____

Data di scadenza dell'obiettivo: _____

Appunti:

_____

_____

_____

_____

_____

Obiettivo:

_____

_____

Data di scadenza dell'obiettivo: _____

Appunti:

_____

_____

_____

_____

_____

_____

Obiettivo:

_____

_____

Data di scadenza dell'obiettivo: _____

Appunti:

_____

_____

_____

_____

_____

Obiettivo:

_____

_____

Data di scadenza dell'obiettivo: _____

Appunti:

_____

_____

_____

_____

_____

_____

Obiettivo:

_____

_____

Data di scadenza dell'obiettivo: _____

Appunti:

_____

_____

_____

_____

_____

_____

Obiettivo:

_____

_____

Data di scadenza dell'obiettivo: _____

Appunti:

_____
_____
_____
_____
_____
_____

Obiettivo:

_____
_____

Data di scadenza dell'obiettivo: _____

Appunti:

_____
_____
_____
_____
_____

Obiettivo:

_____
_____

Data di scadenza dell'obiettivo: _____

Appunti:

_____

_____

_____

_____

_____

_____

Obiettivo:

_____

_____

Data di scadenza dell'obiettivo: _____
Appunti:

_____

_____

_____

_____

_____

Obiettivo:

_____

_____

Data di scadenza dell'obiettivo: _____

Appunti:

_____

_____

_____

_____

_____

_____

Obiettivo:

_____

_____

Data di scadenza dell'obiettivo: _____

Appunti:

_____

_____

_____

_____

_____

_____

Obiettivo:

_____

_____

Data di scadenza dell'obiettivo: _____

Questo
LIBRO
ti è piaciuto?

Seguici ed esprimi il tuo parere sulle nostre

pagine social:

 edizionie100

 Edizioni&100

 Edizioni &100

 Edizioni &100

Desideri anche tu realizzare il tuo libro di business?

Scansiona il Qr code e prenota una consulenza gratuita con il team di Edizioni &100 per parlarne!

Scopri di più sul nostro sito: www.edizionie100.com

ALCUNI LIBRI DI BUSINESS REALIZZATI DA EDIZIONI &100:

La voglia di farcela

Giuseppe Viscolo

Giuseppe Viscolo, grazie alla perseveranza, nonostante i tanti ostacoli che il percorso di vita gli ha presentato, accompagnato dal suo "45", fedele consigliere, oggi gestisce un'azienda di accessori e foderami nel settore tessile. Nel suo libro, "La voglia di farcela", racconta i retroscena vissuti fin da bambino e gli insegnamenti, appresi nel corso del tempo, che lo hanno forgiato e condotto ad essere un imprenditore innovativo e di successo!

La tua storia di successo

ALCUNI LIBRI DI BUSINESS REALIZZATI DA EDIZIONI &100:

Kefa – Il valore del tempo

Carmelo Caruso e Gianluigi Di Lorenzo

All'interno del libro, gli autori hanno raccontato la nascita, lo sviluppo, la Mission e i valori aggiunti del proprio brand orologistico, l'incontro con Papa Francesco e altri traguardi professionali raggiunti, mettendo così per iscritto l'evoluzione di Kefa. Oltre alla soddisfazione personale, grazie al libro Carmelo e Gianluigi hanno incrementato il marketing del proprio brand durante eventi di notevole spessore, arrivando persino in America!

La tua storia di successo

ALCUNI LIBRI DI BUSINESS REALIZZATI DA EDIZIONI &100:

Consapevolumilmente
Dal diario di bordo di un venditore

Vincenzo Parlavecchio

Vincenzo Parlavecchio è un Consulente Commerciale freelance che si occupa di sanificazione nelle industrie alimentari. Il suo libro è la raccolta delle esperienze professionali vissute e raccontate attraverso i post che pubblica settimanalmente sul social che predilige: LinkedIn. È stato ben felice di condividere con i commerciali junior, attraverso le pagine di tale libro, tutti gli insegnamenti appresi nel corso del tempo!

La tua storia di successo

SCOPRI GLI ALTRI LIBRI DI BUSINESS REALIZZATI DA EDIZIONI &100:

Scannerizza il Qr Code e visita il nostro sito web!

Se desideri anche tu il tuo

libro di business

CONTATTACI:

📞 06 77207937

✉ Info@edizionie100.com

La tua storia di successo

Finito di stampare nel mese di Dicembre 2022,

per conto della Edizioni &100 Marketing.

Printed in Great Britain
by Amazon